25 ACTIVIDADES MONTESSORI PARA NIÑOS DE PREESCOLAR

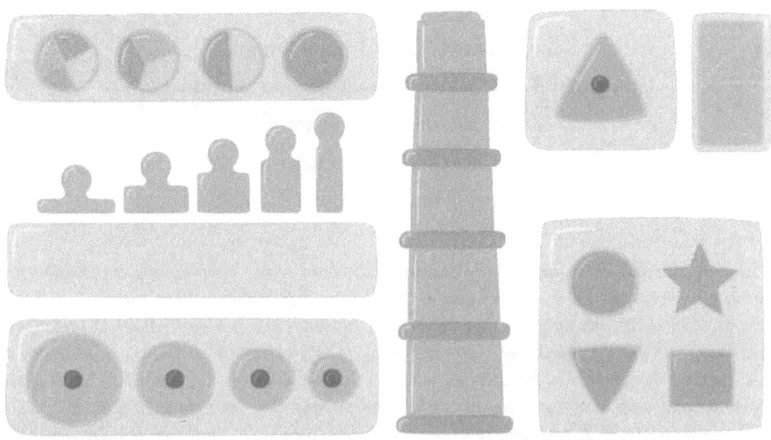

Un libro para aprender divirtiéndose y desarrollar la independencia en casa desde bebés hasta 6 años

Julia Palmarola

Título original: *25 Montessori activities for toddlers: mindful and creative montessori activities to foster independence, curiosity and early learning at home*

Para mis hijas, mi inspiración.

Otros títulos de Julia Palmarola:

- ***Guía Práctica del Método Montessori:*** con más de 100 actividades específicas paso a paso y por edades para aprender a leer, sumar, historia, idiomas, ciencias y más.

- ***Leer con el Método Montessori:*** un cuadernillo muy práctico para aprender a leer con materiales Montessori.

- ***Matemáticas con el Método Montessori:*** un libro para aprender los números, a contar, a sumar y a restar con el Método Montessori.

- ***Aprender Inglés con el Método Montessori:*** aprende vocabulario en inglés de una manera lúdica con el Método Montessori.

Índice de contenidos

0. INTRODUCCIÓN

Este es un libro Montessori para padres de niños en edad preescolar que buscan actividades educativas para hacer en casa.

En sus páginas, solo encontrarás información importante y útil: sin relleno, sin testimonios innecesarios y sin nada que no necesites. Este libro está lleno de los conceptos Montessori más esenciales que necesitas para comenzar a trabajar de inmediato, utilizando materiales que ya tienes en casa. Si disfrutas de este manual, te animo a leer mis otros títulos, especialmente ***"La Guía Práctica del Método Montessori"***, donde encontrarás mucha más información sobre Montessori en el hogar y más de 100 actividades especializadas, divididas por edad y tema.

Todas las actividades presentadas siguen los principios Montessori o han sido inspiradas por ellos, y su objetivo es ayudarte a conectar con tu hijo mientras les ayudas a ser más independientes y fomentar su innato amor por el aprendizaje y la curiosidad.

Nota importante: Algunas de las actividades incluyen piezas pequeñas, que pueden representar un peligro de asfixia para los niños, especialmente para aquellos menores de tres años. Para reducir la posibilidad de accidentes, supervisa a tu hijo en todo momento y no lo dejes sin vigilancia.

Edades recomendadas

Este libro contiene actividades que la mayoría de niños entre 1,5 y 6 años pueden hacer.

Algunas actividades, como los juegos de sombras y las bandejas sensoriales, puedes comenzar a hacerlas desde el momento en que el bebé sea capaz de sentarse solo.

Otras, sin embargo, requieren que el niño sea capaz de hablar o caminar, de modo que son más adecuadas a partir de los 3 años.

Cada niño es diferente y se desarrolla a su ritmo, de modo que es importante que cada madre y padre sepan juzgar qué actividades son interesantes para el suyo.

Sobre todo, nunca intentes forzar a tu hijo a hacer cosas para las que aún no está preparado: ¡disfruta del proceso!

1. EL MÉTODO MONTESSORI

Voy a revelarte el secreto de Montessori en una sola frase.

Sí, lo has leído bien... solo una, y además en la primera página del libro. La educación Montessori se puede resumir en:

$$\text{``Ayúdame a hacerlo yo mismo.''}$$

Es decir: Montessori consiste, ante todo, en enseñar autonomía y explicar a los niños cómo hacer las cosas por sí mismos.

El Método Montessori fue creado por la educadora italiana María Montessori a principios del siglo XX. Según la Dra. Montessori, las mentes de los niños pequeños tienen la capacidad de absorber conocimiento de forma innata, sin esfuerzo, simplemente al estar expuestos a cosas que encuentran interesantes. De ahí nacen dos famosos conceptos Montessori, llamamos *"La Mente Absorbente"* y *"El Maestro Interior"*.

La Mente Absorbente

Las mentes de los niños tienen la capacidad innata de absorber información sin esfuerzo, y esta habilidad es especialmente prominente desde los 0 hasta los 6 años. Es por eso que es extremadamente importante exponer a nuestros hijos a actividades y entornos estimulantes mientras son pequeños. En este momento de su desarrollo, pueden aprender casi cualquier cosa sin siquiera darse cuenta. Es el momento en la vida en el que pueden aprender idiomas de manera nativa, y esta capacidad disminuye gradualmente a medida que los niños llegan a la edad adulta, de modo que es importante aprovecharla.

El Maestro Interior

Según los estudios de María Montessori, dentro de cada niño existe la capacidad innata para aprender cualquier cosa por su cuenta.

Los niños pasan por períodos sensibles en los que ciertas materias concretas despiertan su interés más que el resto. Seguro que has visto a algún niño que solo habla de astronautas o dinosaurios.

Si somos capaces de identificar sus temas de interés y exponerlos a ellos (poniendo al niño en un entorno donde pueda encontrar información y actividades relacionadas con su tema de interés), el niño podrá aprender sin esfuerzo, absorbiendo la información rápidamente, como una esponja seca absorbe agua. Estos temas de interés se conocen como **periodos sensibles.**

Los periodos sensibles

Aunque hay muchos temas que pueden interesar a un niño en edad de desarrollo, en Montessori se describen unos periodos básicos por los que casi todos los niños pasan al mismo tiempo.

- **Período sensible del orden** (desde el nacimiento hasta los 4.5 años). Durante este tiempo, los niños sienten una fuerte necesidad de orden y rutina en sus vidas. Disfrutan de actividades repetitivas y cosas que pueden predecir en su vida diaria.

- **Período sensible del movimiento** (desde el nacimiento hasta los 4.5 años). Durante este período, los niños están particularmente interesados en aprender y perfeccionar sus habilidades motoras gruesas y finas (gatear, caminar, agarrar cosas, verter líquidos, etc.).
- **Período sensible del refinamiento de los sentidos** (desde el nacimiento hasta los 4.5 años). Los niños tratan de comprender sus cinco sentidos, encontrar diferencias entre ellos y perfeccionarlos. Disfrutarán de actividades sensoriales en las que puedan tocar, oler, probar, etc.
- **Período sensible del lenguaje** (desde el nacimiento hasta los 6 años). Este es el momento en el que los niños escuchan a las personas que los rodean y aprenden los idiomas como hablantes nativos.
- **Período sensible de la lectura y la escritura** (desde los 3 años en adelante).
- **Período sensible de los números y las matemáticas** (entre los 4 y 6 años).
- **Período sensible de las interacciones sociales y la cortesía** (desde los 2.5-3 años en adelante). Los niños aprenden a funcionar en un grupo e interactuar con sus compañeros.

Nuestro papel como padres y educadores es simplemente dar ejemplo y modelar cómo se hacen las cosas para los niños, para que ellos puedan repetirlas cuando estén listos. Por eso los maestros Montessori son llamados **guías** Montessori: su trabajo es guiar, no dar órdenes.

En Montessori, siempre se respeta y fomenta la independencia del niño, aunque siempre dejando claro que existen límites. La clave de la educación Montessori es establecer límites firmes y permitir que los niños elijan qué hacer dentro de las opciones que les ofrecemos.

Ejemplo: en vez de decirle al niño: *"¿Qué te apetece hacer esta tarde?"* le damos a elegir entre varias opciones aceptables para nosotros: *"¿Qué prefieres, montar un puzzle o salir a correr al parque?"*

Seguir al niño es una frase que se escucha mucho en la educación Montessori, y que significa, sencillamente, que debemos prestar atención a sus necesidades e intereses actuales e intentar guiarlos para que podamos adaptar su entorno de aprendizaje en consecuencia.

Los Materiales Montessori

Por qué los Materiales Montessori no son juguetes

Los materiales Montessori están diseñados para enseñar algún concepto útil y claramente delimitado. En Montessori, el aprendizaje es respetado como el trabajo del niño: así como los adultos tienen sus trabajos, **el trabajo del niño es aprender**. El Material Montessori es un instrumento de trabajo para el niño, y por ello debe ser cuidado, respetado y tratado con delicadeza.

Cualquier jueguete educativo no puede ser considerado Montessori: para ello deberá cumplir con ciertas características básicas. Por desgracia se encuentran muchos juguetes en las tiendas que utilizan la palabra *Montessori* en los nombres, pero no lo son. En las próximas páginas veremos cuáles son las condiciones necesarias para que un material (¡o un libro!) pueda ser realmente Montessori. A partir de ahora podrás elegir con conocimiento, sin dejarte llevar por trucos de márketing.

Criterios que deben cumplirse para que un material didáctico pueda ser considerado Montessori:

- **El material deberá aislar una cualidad específica** que pueda ser apreciada utilizando uno de nuestros cinco sentidos (color, forma, sabor, olor, etc.).

- **El material debe permitir que el niño se dé cuenta de sus propios errores** (deberá ser auto-correctivo). Si el material está bien diseñado, los niños podrán evaluar si completaron la tarea correctamente o no gracias al control de error al final. Ejemplo: si sobra una pieza, no las hemos puesto todas en su sitio.
- **La actividad debe estar contenida** (por ejemplo, en una bandeja o caja sin tapa). Esto también evita que los componentes se pierdan o se extravíen y ayuda a mantener el orden en casa y en la escuela.
- **Apariencia atractiva**: un material Montessori debe tener una apariencia agradable para captar la atención del niño y animarlo a investigar. ¡Incluso los adultos eligen un si les gusta la portada!

Veamos un par de ejemplos:

El ejemplo A (cilindros con botón) es un material Montessori: todos los cilindros son exactamente iguales (color, forma, material), pero de diferentes tamaños. Este material aísla una propiedad (el tamaño) lo que facilita al niño entender el concepto de más grande/más pequeño sin distraerse mirando el color.

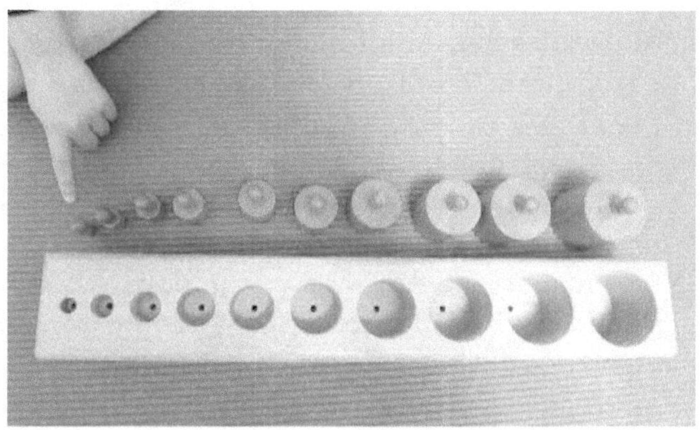

<u>El ejemplo B (torre apilable)</u> no es un material Montessori porque mezcla diferentes conceptos, como números, idiomas, colores, formas, etc. Es un juguete educativo, es divertido y bonito, pero no es un verdadero material Montessori.

Tipos de materiales:

Los Materiales Montessori se pueden clasificar en tres categorías principales, que usaremos más adelante en las actividades prácticas del libro:

- **Materiales sensoriales:** estimulan los cinco sentidos y ayudan a desarrollar habilidades cognitivas.
- **Materiales de vida práctica**: en general utilizamos objetos comunes del hogar, como jarras y vasos, escoba y recogedor, etc. Estas actividades parecen sencillas, pero son muy importantes, porque ayudan a fomentar la independencia y la autoestima. Los niños aprenden a hacer las cosas por sí mismos y se sienten orgullosos de poder ayudar en casa.
- **Materiales académicos**, que pueden pertenecer a una o varias disciplinas:
  - o Lectura

- o Matemáticas
- o Ciencias
- o Idiomas extranjeros, etc.

Dónde guardar los materiales:

Los materiales Montessori deben exponerse en estantes bajos y abiertos, a la vista y al alcance del niño, como en la fotografía. Debemos permitir que el niño elija cuál usar, aunque siempre dentro de las opciones limitadas que les ofreceremos.

Cómo usar los Materiales Montessori

Es importante presentar cada material al niño y explicarle cómo funciona antes de dejarlo trabajar con él de forma independiente.

En las escuelas Montessori existen métodos estándar para presentar un material, como veremos a continuación. Esto garantiza que la presentación sea óptima y que la mayoría de los niños de la clase lo entiendan fácilmente. También permite mantener la consistencia si varios maestros explican el mismo contenido en diferentes momentos. En casa esto es importante, pero podemos permitirnos más libertades ya que no tenemos que adaptarnos a un grupo grande.

- Antes de empezar, asegúrate de conocer el material. Si te pones a investigar cómo funciona en el momento de la explicación, confundirás al niño. Es importante tener una idea clara de los pasos y presentarlos de manera concisa y eficiente.

- Si elegiste tú el material, pregúntale al niño si está interesado en aprender a usarlo. Si el niño lo elige, invítalo a ir a buscarlo y llevarlo juntos hasta la mesa. Es importante que los niños sientan que tienen la oportunidad de elegir. No deben sentirse como si los estuvieras obligando, porque entonces perderán el interés.

- Coloca el material sobre una alfombra en el suelo o sobre la mesa del niño. Explícale cada paso lentamente. Los adultos solemos hacer las cosas muy rápido sin darnos cuenta: si las hiciéramos más despacio, los niños podrían aprender solo con mirarnos. Esta es una habilidad que puedes usar para todo lo que hagas en casa, desde pelar una naranja hasta abrir una puerta con una llave: *"Mira: colocamos la llave en el agujero de la cerradura con los dientes hacia arriba, la giramos hacia la derecha...".*

- Usa los movimientos y palabras mínimos para explicar cómo funciona el material Montessori. Incluso puedes hacer cada movimiento en silencio, mirando al niño después de cada paso para asegurarte de que lo entiende. Hablar demasiado solo distraerá al niño de la actividad.

La lección en 3 periodos

Puedes utilizar la lección en 3 periodos (también llamada en 3 partes o en 3 tiempos) para presentar un material o para enseñar a tu hijo números, formas o cualquier otro concepto que desees. Estas son las etapas de una lección de 3 periodos:

1. Escuchar: nombramos el concepto/objeto y lo señalamos. El niño debe escuchar y comprender el concepto.
2. Identificar: nombra el objeto y pide al niño que lo señale.
3. Nombrar: señala el objeto y verifica si el niño puede recordar su nombre.

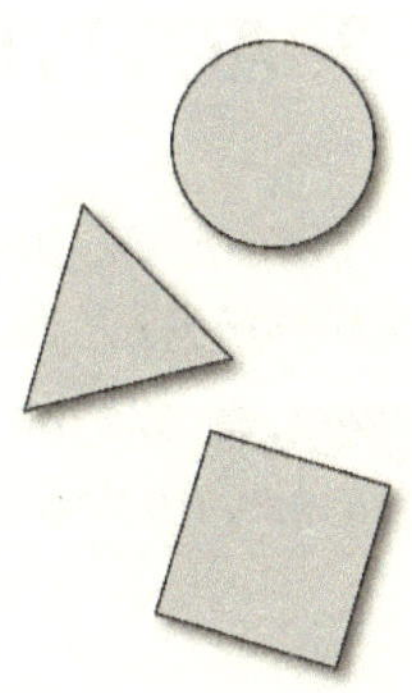

2. ACTIVIDADES MONTESSORI

En esta sección, encontrarás una selección de 25 actividades Montessori para hacer en casa con tus pequeños. Todas ellas son muy sencillas de crear y económicas, pero no te dejes engañar por su simplicidad: son todas muy beneficiosas y educativas.

1. Bandejas Sensoriales

Beneficios de las bandejas y cajas sensoriales:

Las bandejas o cajas sensoriales son uno de los materiales Montessori más fáciles (¡y económicos!) que puedes hacer en casa. A pesar de su simplicidad, ofrecen muchos beneficios, como por ejemplo:

- Mejorar la motricidad fina al manipular el contenido de la bandeja.
- Aprender nuevas palabras al hablar sobre el contenido de la caja sensorial.
- Si varios niños están usando la bandeja al mismo tiempo, también aprenderán habilidades sociales como turnarse, etc.

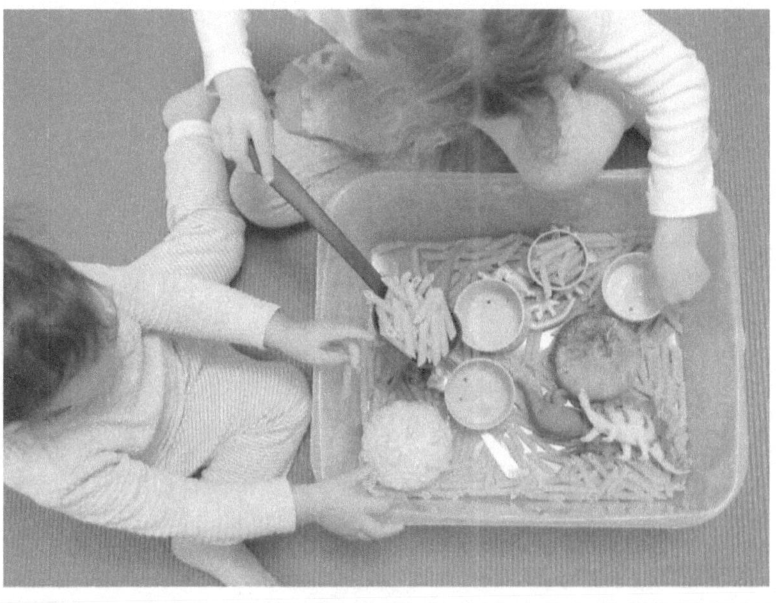

Cómo utilizar una bandeja sensorial Montessori:

- Llena una bandeja o contenedor con materiales como arena, arroz, habichuelas, pompones, etc. Agrega una pequeña pala, cubo, cuchara, etc. También puedes crear bandejas temáticas, como, por ejemplo:
    - Bandeja de la playa: arena, cubo, pala, estrella de mar de juguete, conchas, caracolas, etc.
    - Bandeja de dinosaurios: tierra o arena, pequeños dinosaurios de juguete, etc.
- Muéstrale al niño cómo utilizar el material. Por ejemplo, coge una pala y llena los cubos de arena o arroz.
- Deja que el niño explore de manera independiente: descubrirás que las bandejas sensoriales pueden llegar a ser muy divertidas.

2. Clasificar por colores

Puedes realizar esta actividad con perlas de colores, bloques de construcción, tapones o piedras pintadas (nunca dejes a un niño sin supervisión mientras manipula objetos pequeños para evitar que se los meta en la boca y se atragante).

Beneficios de esta actividad:

- Mejora la motricidad fina al manipular objetos pequeños.
- Mejora las habilidades cognitivas, especialmente el reconocimiento de colores y la discriminación visual.
- Desarrolla habilidades para resolver problemas mientras los niños identifican qué objetos pertenecen a cada grupo de colores.

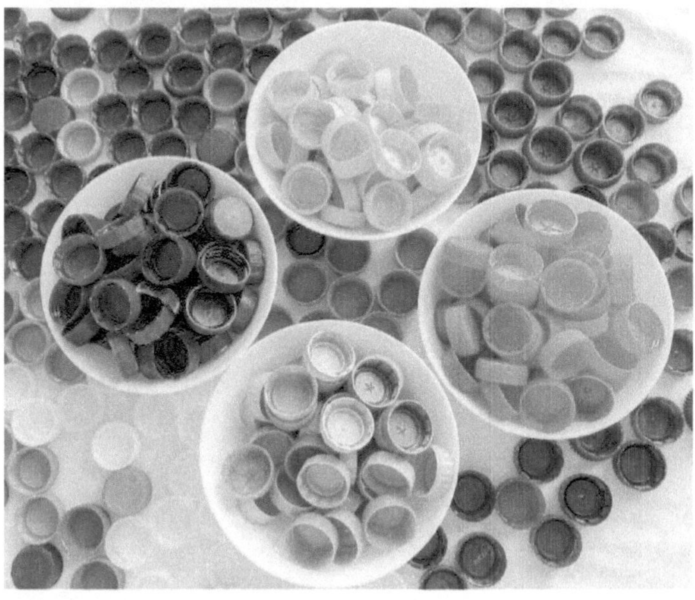

Pasos para la Clasificación por Colores:

- Reúne perlas de colores, bloques de construcción o pompones en diferentes colores. Usa un bol para cada color. Comienza con solo 3 colores, fáciles de diferenciar: por ejemplo, rojo, azul y amarillo (no pongas rosa, rosa claro y morado).
- Presenta los colores al niño, nombrando cada uno e incentivándolos a identificar y diferenciar los colores mediante el tacto y la observación visual (rojo, verde, naranja, etc.).
- Demuestra cómo clasificar los objetos por colores, colocando uno en el bol correspondiente.
- Anima al niño a intentar la actividad de forma independiente.

3. Verter Líquidos

El trabajo de vertido es una actividad clásica de vida práctica Montessori que ayuda a los niños pequeños a desarrollar la concentración y habilidades motrices finas esenciales. Los niños, en las escuelas Montessori, rara vez usan botellas con boquilla: se les anima a aprender a ponerse agua solos.

Esta actividad les ayuda a tener control sobre sus movimientos, desarrollar coordinación mano-ojo y aprender la habilidad muy útil de verter con precisión. Aprender a verter agua, zumo o leche por sí mismos sin tener que pedir ayuda a un adulto es un gran paso hacia la independencia y hará que tu hijo se sienta orgulloso de sí mismo.

Material necesario:

- Una jarra llena de agua (asegúrate de que no sea demasiado grande o pesada para un niño).
- Uno o dos vasos vacíos.
- Una bandeja o una estera para delimitar el espacio de trabajo.
- Un paño o esponja para limpiar derrames.

Pasos a seguir:

Presentación de la actividad:

- Prepara el trabajo de vertido colocando la jarra y el vaso en la bandeja o estera, junto con el paño.
- Invita al niño a unirse a la actividad y presenta el trabajo de vertido con entusiasmo, explicando que vais a verter agua en su vaso, tal como lo hacen los adultos cuando tienen sed.

Demostración de la técnica de vertido:

- Muestra al niño cómo agarrar el asa de la jarra llena con una mano y sostener la base con la otra mano.
- Demuestra un vertido lento y constante desde la jarra llena hacia el vaso, enfatizando la necesidad de controlar el flujo de agua para evitar derrames.

¡Hora de practicar!

- Dile al niño que es su turno de intentarlo. Ofrece recordatorios si es necesario: *"Sostén la base"*, *"Ve más despacio"*, etc.
- Una vez que el niño haya comprendido la técnica de vertido, permítele trabajar de forma independiente. Si la jarra se vacía, podéis volver a verter el agua del vaso a la jarra para continuar durante más tiempo.

Cuando termine la actividad, asegúrate de que el niño limpie todos los derrames con el trapo y devuelva el material a la estantería.

19

4. Juegos de sombras

El juego de sombras es una actividad divertida y original que a *todos* los niños les encanta, sin importar su edad. Además, tiene muchos beneficios, como, por ejemplo:

- **El reconocimiento de formas es una introducción a las matemáticas**, ya que ayuda a los niños a comprender y diferenciar varias formas geométricas, sentando las bases para conceptos matemáticos más complejos.

- **Esta actividad estimula los sentidos, especialmente la percepción visual**, cuando los niños observan e interactúan con las formas y patrones cambiantes.

- **También es buena para la imaginación y la creatividad**: anima a los niños a inventar historias y escenarios imaginarios relacionados con las sombras que ven para ayudarles a desarrollar sus habilidades narrativas.

Cómo llevar a cabo la actividad

- Prepara un área bien iluminada con una pared en blanco como fondo para trabajar.
- Reúne objetos con formas distintas, por ejemplo juguetes, utensilios de cocina o recortes, y colócalos en una bandeja. También puedes agregar una linterna.
- Coloca una fuente de luz, como una lámpara (flexo), linterna, luz del teléfono móvil o luz solar natural, en un ángulo bajo para que proyecte sombras en la pared.

OPCIÓN A: Juego libre

- Invita al niño a colocar los objetos frente a la fuente de luz para crear sombras en la pared.
- Anima al niño a mover el objeto y observar cómo cambian la forma y el tamaño de la sombra. Pídele que compare las sombras con los objetos originales. Hablad de cómo cambia la forma y las proporciones de la sombra al mover el objeto frente a la luz.

OPCIÓN B: Adivina qué es

- Pídele al niño que se siente frente a ti, en un lugar donde no pueda ver el objeto que tienes en la mano.
- Toma un objeto de la bandeja y deja que proyecte una sombra en la pared.
- Pídele al niño que observe e identifique las formas de las sombras, tratando de adivinar los objetos originales.

Recuerda que el niño debe ayudar a volver a colocar todo en su lugar al finalizar la actividad.

5. Bordar con cintas y cordones

Tanto bordar como coser ayudan a desarrollar habilidades motoras finas y coordinación mano-ojo. También fomentan la concentración, la paciencia y las habilidades para resolver problemas.

Si utilizas cintas y cordones de diferentes colores y texturas, los niños podrán expresar su creatividad y explorar diferentes patrones.

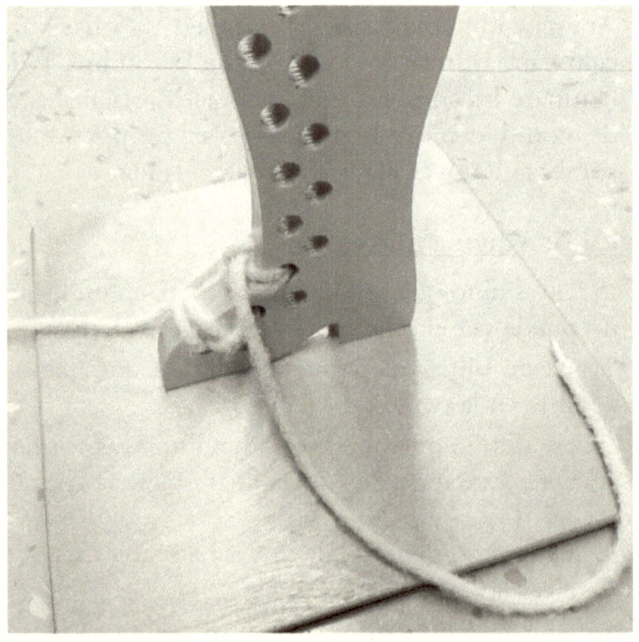

Material necesario:

- Es probable que no tengas un material de costura Montessori como el de la fotografía, pero puedes crear el tuyo propio en casa de manera muy sencilla. Necesitarás piezas de cartón resistente, cortadas en diferentes formas. Perfora agujeros espaciados de manera uniforme a lo largo de los bordes.

- Proporciona una variedad de cintas o cordones coloridos de diferentes longitudes y anchuras.

Actividad de bordar con cintas:

- Muestra al niño las formas de cartón y las cintas, describiendo cómo vamos a tejer las cintas a través de los agujeros para crear un hermoso bordado.
- Demuestra la técnica: enseña a los niños cómo insertar un extremo de la cinta a través de un agujero, dejando un pequeño extremo en la parte posterior, y luego tejerla de un lado a otro a través de los agujeros.
- Anímalos a usar movimientos suaves y controlados mientras tejen las cintas.
- Fomenta la creatividad: permite a los niños elegir las cintas que prefieran y experimentar con diferentes combinaciones de colores y patrones de tejido.

Como siempre, anima a los niños a trabajar de manera independiente, dándoles la libertad de explorar y tomar sus propias decisiones. Ofrece ayuda solo cuando sea necesario, para que puedan desarrollar sus habilidades para resolver problemas mientras enfrentan desafíos.

Los cordones de zapato son más fáciles de usar. Para que sea más sencillo introducir una cinta por los agujeros, te recomiendo que enrolles la punta en un poco de cinta adhesiva.

6. Vestirse solo

Introducción: un armario a lo Montessori

En un hogar Montessori, los principios de esta filosofía se extienden a cada espacio de la casa, y especialmente al dormitorio del niño. Es importante organizar los objetos y muebles para que todo esté al alcance del niño sin necesidad de pedir ayuda a un adulto. Tener que pedir ayuda supone inhibir su autonomía.

Aquí tienes algunos consejos para crear un dormitorio inspirado en Montessori para tu hijo, concretamente para el almacenamiento de su ropa:

- **Deja fuera solo la ropa de temporada**: comienza organizando el armario del niño para que se adapte a la temporada actual. Almacena la ropa de fuera de temporada en cajas o contenedores etiquetados, fuera de su alcance: así el armario quedará menos lleno y será más fácil encontrarlo todo. Además, tener solo ropa apropiada para la estación del año garantiza que siempre elegirá el atuendo adecuado para el día y evitará discusiones innecesarias cuando insistan en ponerse un vestido de tirantes en pleno invierno (*no preguntes cómo aprendí esta lección…*).

- **Armario minimalista**: ofrece un armario minimalista con solo ropa básica y coordinada. Limitar las opciones minimiza el estrés de tomar decisiones y elimina posibles discusiones sobre conjuntos desparejados. Un truco es elegir pantalones y faldas de colores lisos: si quiere ropa con dibujos, que sean solo las camisetas. Así será más fácil combinarlo todo. Consejo de una madre experimentada: habrá muchos días en los que tu hijo no vaya bien conjuntado, pero intenta no preocuparte mucho por ello. A menos que hayas sido invitado a una recepción de Su Majestad, el mundo no se va a acabar si elige un atuendo estrambótico. *¡Olvídate de las opiniones de los extraños y céntrate más en dejar que tu hijo sea feliz llevando ropa que le gusta!*

- **Elige cierres que fomenten la autonomía**: trata de comprar ropa con cremalleras, broches o solo unos pocos botones. La ropa debe abrocharse en la parte delantera y los botones y cremalleras deben ser fáciles de alcanzar. Evita blusas y vestidos con botones o cremalleras en la parte trasera, ya que solo causarán frustración al vestirse o usar el baño.

- **Todo al alcance del niño**: coloca la ropa en el armario y los cajones a la altura de los ojos del niño y a su alcance. Esto les premite tomar decisiones sobre su vestimenta de manera independiente. Los hará felices poder decidir qué ponerse, y también te ahorrará tiempo cada mañana.

- **Organización adecuada para el niño**: utiliza estantes

bajos o ganchos para colgar la ropa. También puedes incorporar imágenes o simples ilustraciones para etiquetar diferentes secciones de su armario. Por ejemplo: un dibujo de calcetines en el cajón de los calcetines.

- **Espejo**: un espejo en el dormitorio funcionará como un control de error para que el niño pueda asegurarse de que cada prenda esté en su lugar. Existen espejos de seguridad para niños que no se rompen en añicos si les dan un golpe por accidente.

Actividad Montessori: vestirse solo

Esta actividad Montessori ayuda a crear confianza y autonomía en los niños pequeños a medida que aprenden a vestirse por sí mismos. Realiza esta actividad en el dormitorio del niño, frente a un espejo.

Materiales necesarios:

- Un estante bajo o perchero para colgar la ropa.
- Una selección de prendas de vestir apropiadas para que el niño elija, incluyendo camisetas, pantalones, calcetines y zapatos.
- Un espejo a la altura del niño (idealmente, un espejo de cuerpo entero).

Pasos de la actividad:

- Elegir la ropa: anima al niño a seleccionar la ropa que quiere usar durante el día. Recuerda proporcionarle una selección limitada y coordinada.
- Exponer la ropa: demuestra cómo colocar la ropa elegida en el orden en que se la pondrá. Para ello, extiende las prendas obra la cama y coloca la camiseta interior, camisa, pantalones, calcetines y zapatos en la secuencia correcta.
- Vestirse de manera independiente: anima al niño a vestirse paso a paso, siguiendo la secuencia que habéis dispuesto. Ofrece asistencia mínima y observa su progreso, brindando refuerzo positivo y elogios por sus esfuerzos.
- Usar el espejo: después de vestirse, invita al niño a usar el espejo para revisar su apariencia. Esto les permite desarrollar la autoconciencia y crea una agradable sensación de logro después de completar la actividad.

7. Clasificar por texturas

En esta actividad, los niños pueden explorar y categorizar diferentes texturas utilizando su sentido del tacto. Esto mejora el desarrollo sensorial, las habilidades cognitivas y el desarrollo del vocabulario, ya que los niños deberán describir y diferenciar las diferentes texturas que encuentren en la cesta.

Material necesario:

- Una colección de objetos con diferentes texturas (por ejemplo, un trozo de seda suave, un cartón rugoso, un peluche peludo, una toalla de rizo, etc.). Colócalos en una bandeja, en una cesta o en un recipiente.
- Varias bandejas con etiquetas (rugoso, suave, peludo, etc.). La etiqueta puede incluir una palabra y una imagen

para que los niños las asocien.

Pasos a seguir:

- Introducir el vocabulario de texturas: comienza presentando el vocabulario de texturas al niño. Utiliza un lenguaje sencillo y muestra cada textura proporcionando ejemplos con los que puedan identificarse. Por ejemplo: *"Esto es liso, como una piedra pulida; esto es rugoso, como papel de lija..."*

- Preparar la clasificación: organiza las bandejas etiquetadas o los recipientes para cada categoría de textura. Si no deseas utilizar etiquetas, simplemente coloca el primer objeto de cada categoría en el contenedor adecuado.

- Exploración de texturas: anima al niño a explorar los objetos de la cesta. Permite que toque y explore cada objeto. Pídele que describa la textura con sus propias palabras, comparándola con otros objetos en la habitación o con cosas que conozcan (Ej: *"peludo como nuestro gatito"*).

- Clasificación de texturas: guía al niño para que clasifique los objetos en los compartimentos correspondientes según su textura. Por ejemplo, coloca los objetos suaves en una sección, los rugosos en otra, etc. Permite que el niño trabaje de manera independiente y ofrece ayuda solo si te la solicita.

8. Quitar el polvo

Quitar el polvo, al igual que barrer el suelo o lavar los platos, es una actividad de *vida práctica* que fomenta la responsabilidad y las habilidades básicas que serán útiles para la vida diaria.

En un entorno Montessori, la limpieza y el orden son de suma importancia: un espacio de trabajo desordenado puede resultar muy estresante, y los niños suelen comportarse peor y tratar sus juguetes y materiales sin respeto si se ven obligados a trabajar en un entorno desordenado.

En la filosofía Montessori, las actividades prácticas tienen gran importancia, ya que empoderan a los niños para participar en tareas significativas que contribuyen al bienestar de su entorno y de ellos mismos. ¡Enseña a tu hijo a ser ordenado hoy y te lo agradecerás cuando sea un adolescente!

Material necesario:

- Herramientas de limpieza de tamaño adecuado para el niño, como por ejemplo un trapo pequeño para quitar el polvo, un plumero o una mini escoba y recogedor.
- Estantes o superficies bajas y accesibles al alcance del niño.

Pasos a seguir:

- Preparar el entorno de limpieza: coloca las herramientas de limpieza en una caja o bandeja y asegúrate de que los estantes o superficies a limpiar estén a la altura del niño y le sea fácil acceder de manera independiente.
- Presentar la actividad: invita al niño a participar en la actividad de quitar el polvo. Presenta las herramientas de limpieza: toma cada una, pronuncia su nombre claramente y explica para qué se utilizan.
- Explica que debemos quitar todos los adornos y libros del estante antes de comenzar a limpiar.
- Demuestra cómo se usa correctamente cada herramienta de limpieza. Enfatiza la importancia de ser cuidadoso y consciente mientras se limpia, para no romper nada.
- Vuelve a colocar todos los libros y adornos en su lugar una vez la superficie esté limpia.
- Mete las herramientas otra vez en la bandeja.
- Práctica guiada: dile al niño que ahora es su turno. Invítalo a elegir la superficie que quiere limpiar y guíalo durante el proceso de limpieza.
- Limpieza independiente: a medida que el niño se sienta más cómodo con la actividad, anímalo a limpiar los estantes de manera independiente. Sobre todo, no olvides el refuerzo positivo cuando el niño haga algo bien.

9. Hacer la colada

Enseñar a tus hijos a lavar, secar y doblar su propia ropa fomenta la independencia y responsabilidad. Esta experiencia práctica empodera a los niños para participar en tareas cotidianas y desarrollar habilidades de vida esenciales. Al principio, te llevará mucho más tiempo hacer la colada junto con tu hijo, pero recuerda: esto es una inversión a largo plazo.

Además, estarán trabajando en sus habilidades motoras finas y coordinación mano-ojo. **Usar las pinzas de tender es una excelente manera de ejercitar los músculos pequeños de los dedos que más tarde necesitarán para escribir.**

Material necesario:

- Una cesta de la colada de tamaño apto para niño.
- Un tendedero o soporte para secar de tamaño adecuado para el niño, que esté a una altura cómoda y segura para que el niño lo alcance.
- Un conjunto de pinzas para la ropa aptas para niños.

Pasos a seguir:

- Vacía la cesta de ropa sucia en el suelo y pide al niño que te ayude a clasificar los colores. Por ejemplo: lo blanco a la izquierda, lo negro a la derecha, las prendas coloridas en el medio.
- Pide al niño que te ayude a poner la ropa sucia en la lavadora.
- Una vez que la ropa esté lavada, asegúrate de preparar el espacio donde vais a tender.
- Coloca el tendedero o soporte de secado de tamaño adecuado para el niño en un área segura y accesible, ya sea al aire libre o en el interior. Asegúrate de que esté a una altura donde el niño pueda alcanzarlo cómodamente sin esforzarse ni caerse.
- Tiende la ropa: anima al niño a colgar las prendas lavadas en el tendedero o soporte de secado, sujetándola con las pinzas. Muéstrales cómo espaciar las prendas para un secado eficiente.
- Recoge la ropa: una vez que la ropa esté seca, invita al niño a bajarla del tendedero o soporte de secado. Enfatiza la importancia de ser delicado con la ropa limpia y seca, para que no se caiga ni se ensucie. Vuelve a poner las pinzas en su bolsa o cesta.
- Doblar y guardar la ropa: ayuda al niño a doblar las prendas secas y colocarlas de nuevo en sus cajones.

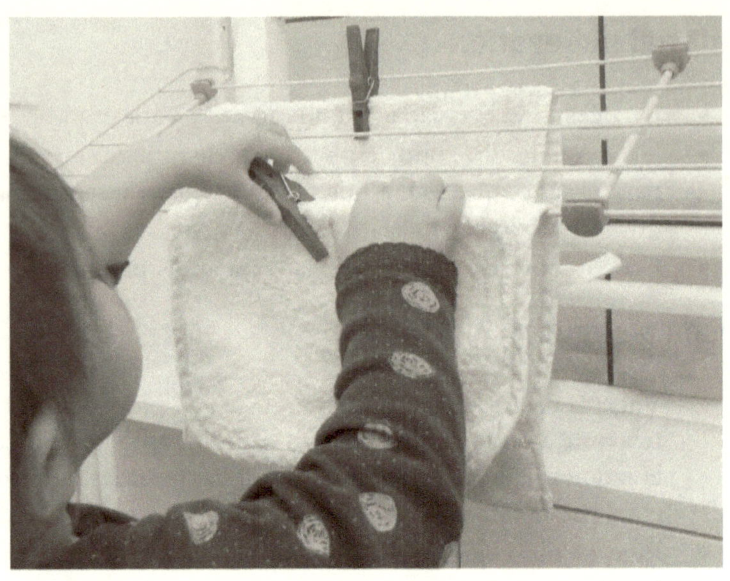

Nota de seguridad: Mientras realizas esta actividad, asegúrate de que el niño pueda alcanzar cómodamente el tendedero o soporte de secado sin necesidad de trepar o asomarse a lugares altos o barandillas. Utiliza pinzas para la ropa seguras para niños sin bordes metálicos afilados. Siempre supervisa al niño durante la actividad para garantizar su seguridad.

10. Transferencias con pinzas

El uso de pinzas Montessori es una actividad divertida y práctica que mejora la motricidad fina y la coordinación mano-ojo de los niños. Esta actividad consiste en transferir objetos de un recipiente a otro utilizando unas pinzas. Enseña concentración y enfoque al mismo tiempo que desarrolla habilidades de vida esenciales. A través de esta actividad, los niños desarrollan su destreza y obtienen una sensación de logro al completar exitosamente la tarea de transferencia.

Pasos a seguir:

- Preparar el material para la transferencia: prepara una bandeja con las pinzas y dos recipientes, como pequeños cuencos o bandejas, colocados uno al lado del otro. Selecciona objetos pequeños y ligeros que sean seguros para manipular, como pequeñas pompones, cuentas o bolas de algodón. Coloca los pequeños objetos en uno de los recipientes. *NOTA: si quieres unas pinzas grandes de tipo Montessori, se pueden encontrar en línea.* Para niños más mayores, con mayor habilidad manual, puedes intentar la misma actividad con pinzas de las que se usan para depilarse.

- Presenta las pinzas: muestra al niño cómo sostener y usar las pinzas para recoger y transferir los objetos.

- Invita al niño a participar en la actividad. Ofrece orientación y apoyo según sea necesario para ayudarles a mejorar su técnica.

- Una vez que el niño haya transferido todos los pompones al otro recipiente, recuerda colocar todo de nuevo en la bandeja y en el estante.

11. Hacer un sándwich

Hacer un sándwich es una actividad entretenida y empoderadora de vida práctica que permite a los niños participar activamente en la preparación de alimentos y desarrollar habilidades esenciales para la vida. Probablemente ya hayas notado que a los niños pequeños les encanta ayudar en la cocina. Les hace sentir importantes, respetados y responsables, y disfrutan muchísimo cuando les dejamos elegir lo que van a comer.

Material necesario:

- Rebanadas de pan (pueden ser de cualquier tipo, como pan de molde, baguette, pan integral o pan de centeno).
- Una selección de ingredientes para el relleno, como jamón, queso, lechuga, tomate, pepino, aguacate, etc.

- Utensilios de cocina seguros, como un cuchillo sin filo o un cuchillo para untar (asegúrate de supervisar a los niños mientras usan utensilios de cocina).

Pasos a seguir:

- Reúne todos los ingredientes y preséntalos de manera organizada en el área de trabajo del niño. Asegúrate de que los rellenos estén cortados o preparados de manera adecuada para la edad del niño. Si tu hijo es mayor, podeis cortar los alimentos juntos.
- Explica los pasos necesarios para hacer un sándwich.
- Demuestra cómo usar el cuchillo o la espátula para untar y aplicar los ingredientes pastosos, como mantequilla o mermelada. Explica al niño que vas a colocar los ingredientes en capas sobre el pan para crear tu propio sándwich.
- Es conveniente que primero hagas un sándwich para ti misma como ejemplo (unta el pan, añade los ingredientes, tapa el bocadillo con otra rebanada de pan).
- Ahora apártate y permite que el niño cree su propio sándwich. Ofrece apoyo y orientación según sea necesario, pero anímalo a hacer tanto como sea posible de forma independiente.
- Al terminar, limpia todos los utensilios y superficies y guarda todo en su lugar. Este es un paso muy importante que la mayoría de los padres olvida.
- ¡Disfrutad juntos de vuestros sándwiches terminados! Mientras coméis, pregúntale si le gusta cómo ha quedado y qué pondrá la próxima vez.

12. Contar con botones

Esta actividad con botones es una excelente manera de introducir a los niños pequeños al concepto del conteo. El uso de botones (o cualquier otro objeto pequeño y atractivo) ayudará a desarrollar sus habilidades matemáticas tempranas de manera divertida y entretenida.

Material necesario:

- Una bandeja, bol o contenedor pequeño para los botones.
- Unos cuantos botones, idealmente del mismo tamaño, forma y color.
- Una pequeña alfombra o un área delimitada donde el niño pueda trabajar.

Actividad de contar con botones paso a paso:

- Presenta la actividad: muéstrale al niño un botón y anímalo a tocarlo y sentirlo, explorando su textura y forma. *"Esto es un botón. Vamos a contar los botones que hay en el bol para saber cuántos tenemos"*.

- Demostración de cómo contar: comienza con un botón y di: *"Un botón"*. Saca otro botón del bol, ponlo ordenadamente a su lado sobre la mesa y di: *"Dos botones"*. Continúa contando a medida que sacas más botones, hasta que el bol esté vacío. Dependiendo de la edad del niño, puedes contar hasta cinco, diez, etc.

- Repite la actividad diciendo solo los números. Di cada número lentamente mientras recoges otro botón: *"Uno... dos... tres..."*

- Exploración independiente: invita al niño a participar y contar los botones por sí mismo.

Puedes hacer esta actividad con cualquier objeto que le interese al niño, siempre asegurándote de que sean objetos seguros para manipular. Vigílalo mientras los manipula para que no se los meta en la boca.

13. Buscar formas

En esta actividad exploraremos y descubriremos diferentes formas en nuestro entorno. Introduciremos a los niños a diversas formas geométricas y fomentaremos sus habilidades de observación y conciencia espacial. En Montessori, buscamos que el aprendizaje ocurra de manera natural, a través de experiencias prácticas donde los niños puedan absorber conocimiento de su entorno cotidiano. Esta actividad es un ejemplo perfecto de una exploración divertida y educativa que se puede hacer fácilmente en casa o al aire libre.

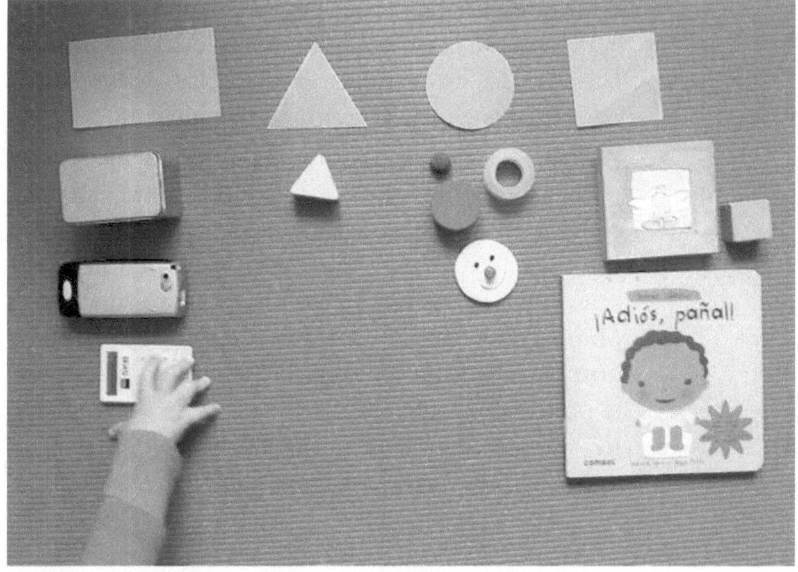

Material necesario:

- Formas de cartón recortadas o tarjetas con imágenes de formas básicas, como círculos, cuadrados, triángulos, rectángulos y óvalos.

- Un entorno seguro y supervisado para la actividad, como la sala de juegos del niño o la sala de estar en casa.

Pasos a seguir:

- Presenta las formas geométricas: toma cada una de las tarjetas, nombra cada forma y explica sus atributos únicos (por ejemplo: *"Esto es un cuadrado. Tiene cuatro lados y cuatro esquinas. Uno, dos, tres, cuatro."*).

- Coloca las formas o las tarjetas en un tapete sobre el suelo.

- Explica al niño que vais a jugar a buscar formas por la casa. Anímalo a encontrar e identificar diferentes formas en el entorno. Juntos, explorad la habitación buscando objetos que representen las formas de las tarjetas. Señala las formas que encuentreis y pide al niño que las identifique.

- Coloca cada objeto junto a la tarjeta de forma correspondiente. Por supuesto, habrá algunos objetos que no puedas colocar en el tapete (por ejemplo, tu televisor y refrigerador probablemente sean rectangulares, pero obviamente no vas a poder moverlos…). En esos casos, simplemente nombra la forma y pregunta al niño en qué grupo la pondría si pudiera.

- Recuerda volver colocar todos los objetos en su lugar cuando termine la actividad.

14. Contar pasos

Esta actividad es una herramienta muy útil, sobre todo cuando necesitas salir a pasear con un niño que no tiene ganas de acompañarte. Lo mantendrá entretenido mientras practica a contar de una manera lúdica e interactiva. Si tu hijo ya puede contar al menos hasta diez será más divertido, pero no es estrictamente necesario, ya que le puedes enseñar mientras camináis juntos.

Cómo se hace:

- Explica brevemente la actividad, informando a tu hijo de que vais a contar vuestros pasos mientras exploráis al aire libre.

- Revisa los números del uno al diez o más, dependiendo de la edad y nivel de matemáticas del niño.

- Comienza a caminar y anima al niño a contar sus pasos en voz alta. Motívalo y ayúdalo a mantenerse concentrado en su conteo.

- Para hacer esta actividad más divertida, introduce desafíos de conteo en el camino. Por ejemplo, dile que cuente cuántos pasos se necesitan para llegar a un punto específico o cuántos pasos hacen falta para caminar alrededor de un árbol.

15. Clasificar formas

Acerca de las actividades de clasificación de formas

Utilizaremos formas de cartón caseras para esta actividad, pero también puedes utilizar cualquier juguete de clasificación de formas que tengas en casa (la mayoría de los padres tienen el típico juguete en el que metemos una forma por un agujero). Es conveniente que, si usas un juguete comprado, todas las formas sean del mismo color para no confundir al niño.

Beneficios de esta actividad:

- Mejora la motricidad fina mientras los niños manipulan y agarran las formas geométricas.
- Desarrolla habilidades cognitivas, especialmente el reconocimiento de patrones y la conciencia espacial, al identificar y categorizar diferentes formas.
- Enseña vocabulario relacionado con las formas (por ejemplo, círculo, cuadrado, triángulo…).

Pasos a seguir:

- Corta varias formas de cartón (por ejemplo, círculo, cuadrado, triángulo, rectángulo, etc.). Después úsalas como plantilla para recortar agujeros iguales en un trozo grande de cartón.
- Muestra las formas al niño, nombrando cada una y permitiéndole explorar y tocar las formas con sus manos. Usa la lección de los 3 periodos como se explicó al principio del libro.
- Muestra al niño cómo encajar cada forma en su hueco correspondiente, demostrando el proceso la primera vez.
- Anima al niño a intentar la actividad de forma independiente. Permítele explorar las formas y descubrir dónde va cada una.
- No olvides ofrecer refuerzo positivo cuando el niño haga las cosas bien.

16. Rimas

Buscar palabras que riman es una actividad divertida que se puede hacer casi en cualquier lugar (incluso en el coche o mientras esperas en el dentista, con un poco de maña). Ofrece muchos beneficios educativos, como, por ejemplo:

- Conciencia Fonémica: identificar palabras que riman mejora la conciencia fonémica (la capacidad de escuchar y manipular sonidos individuales en el lenguaje hablado).

- Desarrollo del Lenguaje: interactuar con palabras que riman desarrolla el vocabulario y las habilidades lingüísticas, apoyando el desarrollo del lenguaje y la comunicación.

- Habilidades de Prelectura: reconocer patrones de rimas ayuda a desarrollar habilidades prelectura, ya que los niños comienzan a entender familias de palabras y la fonética.

- Memoria y Habilidades Cognitivas: recordar y relacionar palabras que riman ejercita la memoria y los procesos cognitivos.

Cómo llevar a cabo esta actividad:

- Opcional: prepara una selección de tarjetas de imágenes u objetos que representen palabras sencillas que riman, como "gato", "mano", "pala", etc. Escribe la palabra debajo de cada objeto o dibujo, incluso si tu hijo aún no sabe leer, para que tengan la oportunidad de familiarizarse con las palabras escritas y las letras. Si estás haciendo esta actividad al aire libre o en movimiento, simplemente di cada palabra en voz alta y clara.
- Pronuncia cada palabra claramente, enfatizando los sonidos finales que riman. Ofrece ejemplos. *"Mesa rima con frambuesa, condesa, hamburguesa, mayonesa…"*
- Anima al niño a encontrar palabras que tengan terminaciones similares.

17. Búsqueda de letras

Esta actividad ayuda a los niños a reconocer e identificar letras en su entorno cotidiano, desde etiquetas en productos hasta letreros en el vecindario. Es fantástica para el **desarrollo temprano de la alfabetización y para construir una base sólida para las habilidades de lectura y escritura.**

Pasos a seguir:

- Antes de empezar, recuerda introducir las letras del alfabeto: si ya lo conocen, repasa el alfabeto con los niños, nombrando cada letra y su sonido correspondiente. Anímalos a repetir después de ti, y trata de hacer que el proceso de aprendizaje sea lo más divertido y entretenido posible. No es necesario introducir todo el alfabeto de una vez: tres letras son más que suficientes para empezar a jugar.

- Crea un kit de *buscaletras*: reúne un pequeño kit que contenga una carpeta dura, un cuaderno y un lápiz para cada niño que participe en la *aventura*.

- Comienza la búsqueda de letras en el interior de tu casa, observando palabras escritas en etiquetas, envases y libros en la casa. Invita a los niños a encontrar y identificar letras en las palabras que encuentren. Dependiendo de su edad, puedes pedirles que copien las palabras escritas o simplemente que rodeen la letra inicial (que previamente escribirás en un papel incluido en su kit de búsqueda de letras).

- Ejemplo: hacemos una búsqueda de cosas que empiecen por M. Encontramos un paquete de *Macarrones*, un libro escrito por *María Montessori* y un cuaderno en el que pone *Mamá*.

- También puedes explorar al aire libre, buscando letreros, carteles publicitarios, marcas de automóviles, nombres de calles y otros materiales escritos en el vecindario.

Si tu hijo está aprendiendo a leer:

Si tu hijo está en edad de empezar a conocer las letras (a partir de tres años), te recomiendo encarecidamente el siguiente material Montessori:
<u>Leer con el Métdodo Montessori</u>

Este práctico cuaderno de actividades de lectura ha sido creado por la autora de este libro, e incluye:

- Fichas de trabajo del alfabeto diseñadas para que los niños tracen las letras y aprendan a reconocer los sonidos iniciales de las palabras (conciencia fonémica y desarrollo de la motricidad fina).

- Actividades de la Serie Rosa Montessori: los niños aprenderán a leer de forma fonética con tarjetas de tres partes y actividades de completar palabras.

- Actividades de la Serie Azul Montessori: el libro también incluye tarjetas de tres partes y actividades para aprender dígrafos presentes en palabras de cuatro letras, así como una lista de palabras para que los niños practiquen palabras más complejas.

- Tarjetas de tres partes Montessori.

- Un alfabeto móvil de papel diseñado para que los niños comiencen a construir sus propias palabras.

- Construcción de oraciones: también hemos incluido juegos de lectura Montessori y palabras recortables para empezar a escribir y leer oraciones con gran facilidad.

Consíguelo aquí:

18. Repasar formas

Repasar formas es una actividad muy sencilla que perfecciona las habilidades motoras finas de los niños, mejorando la coordinación mano-ojo y el control del lápiz. Al repasar el contorno e interactuar con diversas formas, los niños refuerzan su capacidad para identificar y diferenciar formas geométricas. También mejora su comprensión de las relaciones espaciales y la orientación de las formas.

Esta actividad sienta las bases para las habilidades pre-escritura, preparando a los niños para la formación de letras y la preparación para la escritura.

Cómo se hace:

- Recorta varias formas de cartón o cartulina (el cartón es más fácil de repasar, al ser más grueso).
- Ofrece una hoja de papel y materiales para repasar, como lápices, crayones o tizas.
- Anima al niño a elegir una forma y colocarla sobre una superficie plana.
- Nombra la forma y demuestra cómo repasar su contorno usando los materiales para rastrear.
- Enséñale al niño a sostener el lápiz correctamente y moverlo de manera constante a lo largo de los bordes de la forma.
- Repite la actividad con diferentes formas geométricas.

19. Objetos que flotan

Con esta actividad práctica introduciremos a los niños al concepto de flotabilidad de una manera lúdica. Además, este sencillo experimento científico despertará el pensamiento crítico y la curiosidad sobre las propiedades de diferentes objetos.

Material necesario:

• Un recipiente grande con agua (una ensaladera, un balde…)

• Varios objetos con diferentes materiales y formas, como un juguete de plástico, un bloque de madera, una pelota de goma, un trozo de corcho, una cuchara de metal, etc.

Pasos a seguir:

- Habla sobre el concepto de flotabilidad de manera sencilla. Explícale que algunos objetos se hunden en el agua, mientras que otros flotan en la superficie debido a sus diferentes densidades.
- Reúne los materiales y lleva la actividad hasta la mesa.
- Anima al niño a hacer predicciones sobre si cada objeto se hundirá o flotará. Discute qué características de los objetos podrían influir en su capacidad para flotar. Es una buena manera de desarrollar el pensamiento crítico y la lógica.
- Experimento de Hundir o Flotar: uno por uno, pide al niño que coloque cada objeto en el agua y observe lo que sucede. Anímalo a observar si el objeto se hunde en el fondo o permanece flotando en la superficie. Pregúntale por qué piensa que este objeto se hunde, pero ese otro no.
- Dependiendo de la edad de tu hijo, puedes proporcionarle un cuaderno o una tabla para que registre sus observaciones y dibuje o escriba si cada objeto se hunde o flota.

20. Búsqueda del Tesoro en la naturaleza

La ***búsqueda del tesoro*** es una actividad muy divertida que fomenta la curiosidad y las habilidades de observación de los niños mientras corren, se mueven y pasan tiempo valioso al aire libre. Se puede hacer con un solo niño, aunque es más divertido si son más.

Cómo se hace:

- Prepara una lista de elementos naturales que se encuentran comúnmente al aire libre, como hojas, piñas, rocas o flores. Dibuja cada objeto y escribe su nombre en un trozo de papel.

- Proporciona a cada niño la lista de objetos que deben encontrar y una pequeña cesta o bolsa para recoger sus hallazgos.
- Anima a los niños a explorar el entorno al aire libre de forma independiente o en pequeños grupos, buscando los objetos de la lista (siempre bajo supervisión).
- A medida que descubren cada elemento, pueden ponerlo en la cesta y tachar la palabra (o dibujo) en la lista.

21.   Jardinería

La jardinería es una actividad muy popular en las familias Montessori. Se puede utilizar con diversos propósitos educativos, como enseñar responsabilidad, autonomía y conceptos científicos. Puedes introducir el uso de herramientas de jardinería (mejor si son de tamaño infantil), el ciclo de vida de las plantas y la responsabilidad de cuidar de otros seres vivos a diario.

Ideas de jardinería para los más pequeños:

- Designa un pequeño espacio en tu balcón o jardín y proporciona herramientas y materiales de jardinería de tamaño adecuado para los niños.
- Elige plantas o vegetales fáciles de cultivar, como girasoles o tomates (esto dependerá del clima de tu zona).

- Demuestra cómo preparar el suelo, plantar semillas o plántulas, y cuidar de ellas.

- Deja que los niños se encarguen de regar, quitar la maleza y observar el crecimiento de sus plantas con el tiempo.

- Idealmente, dedica cinco minutos cada día para observar las plantas, quitar las malas hierbas y regarlas. Puedes hacerlo todos los días después del colegio, por ejemplo.

22. Seguir el ritmo

La música ayuda a los niños a participar en la exploración sensorial, estimulando sus sentidos de la audición y el tacto. También fomenta la creatividad, la expresión personal y el desarrollo emocional mientras conectan con diferentes melodías y ritmos. Además, cantar y tocar instrumentos contribuyen al desarrollo del lenguaje, mejorando el vocabulario y las habilidades de expresión verbal. La naturaleza colaborativa de hacer música en grupo promueve habilidades sociales y la cooperación.

Material necesario:

Una selección de canciones sencillas y adecuadas para la edad o un instrumento musical para cada niño (por ejemplo: maracas, un pequeño tambor, etc.).

Pasos a seguir:

- Enséñale al niño algunas canciones conocidas, por ejemplo, alguna canción de cuna o alguna canción popular.

- Cantad las canciones juntos, animando al niño a aplaudir, tocar o moverse al ritmo de la letra.

- Distribuye un instrumento musical a cada niño, explicándoles cómo pueden tocar mientras suena la canción.

- Mientras cantas las canciones, guía a los niños para que toquen sus instrumentos y sigan el ritmo para acompañar la música.

23. Baile rítmico

Estar sentado durante largos períodos de tiempo no es saludable para nadie, y menos aún para los niños pequeños, que están programados para ejercitar su cuerpo lo máximo posible. Es importante incluir bailes, caminatas y actividades al aire libre todos los días, ya que son necesarios para su salud física y desarrollo, y ayudan a fortalecer sus músculos, mejorar la coordinación y aumentar su condición física en general. No es justo ni sensato esperar que un niño pequeño se pase horas sentado y quieto sin protestar.

Material necesario:

- Una selección de música con diferentes ritmos y tempos,
- Espacio amplio para bailar.
- Ropa para disfrazarse, como vestidos, velos, tutús o

cualquier otra cosa que quieras agregar para que la actividad sea más divertida.

Pasos a seguir:

- Reproduce diferentes tipos de música, incluyendo canciones con ritmo rápido, lento o rítmico.
- Anima al niño a escuchar y sentir el ritmo de cada canción.
- Demuestra movimientos de baile sencillos o invita al niño a crear sus propios pasos de baile que coincidan con el ritmo de la música.
- Bailad juntos siguiendo el ritmo, expresando emociones y sentimientos a través de vuestros movimientos.
- Después de la actividad, puedes hablar sobre los diferentes estilos de baile y cómo diferentes tipos de música evocan diferentes emociones. Pregúntale qué música le gusta más, cuál le ha hecho sentir triste, contento, etc.

24. Pintura de dedos

Usar pintura de dedos es muy divertido, y además fomenta la creatividad, la expresión personal y la exploración sensorial. Esta experiencia artística práctica permite a los niños conectarse con colores, texturas y formas de una manera natural y sin restricciones, al tiempo que desarrollan sus habilidades motrices finas, coordinación mano-ojo y aprecio por el arte.

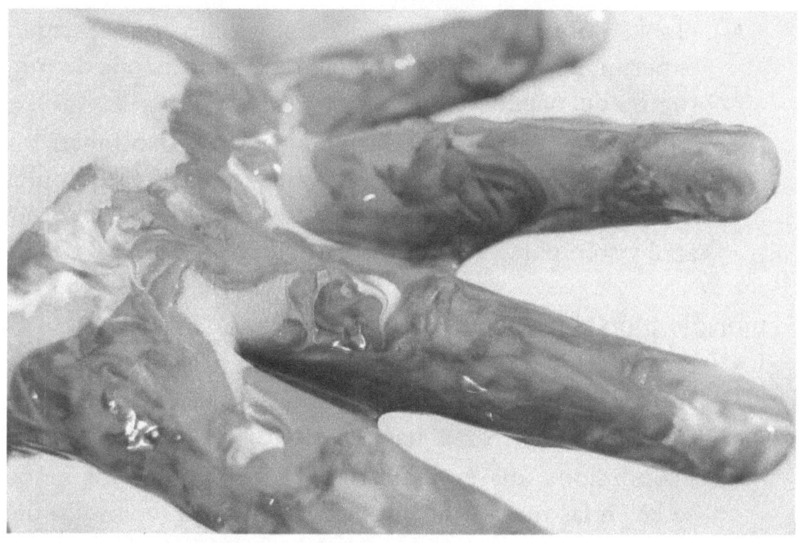

Material necesario:

- Pintura de dedos no tóxica y lavable, en varios colores.
- Papel resistente o un lienzo para arte.
- Un delantal para proteger la ropa y periódicos viejos o un mantel para proteger la mesa.

Pasos a seguir:

- Prepara el espacio: configura un área de arte designada en una mesa de tamaño para niños o sobre un tapete. Protege la ropa y las superficies. Prepárate porque va a haber manchas. Es normal, no te enfades si ocurre.

- Coloca los materiales necesarios, asegurándote de que todo esté al alcance y bien organizado.

- Invita a los niños al área de pintura y muéstrales cómo sumergir sus dedos en la pintura y aplicarla en el papel o lienzo.

- Anímalos a experimentar con diferentes trazos, patrones y formas usando sus dedos.

- Habla sobre las diferentes sensaciones que pueden experimentar, como la suavidad de la pintura o la textura rugosa del papel.

- Anímalos a explorar cómo se mezclan y combinan los colores, y habla de la teoría del color. Por ejemplo, invítalos a mezclar azul y amarillo para obtener verde; azul y rojo para obtener morado, etc.

Limpiadlo todo al terminar:
- Ayuda a los niños a limpiar los materiales de arte y las superficies, fomentando la responsabilidad y el respeto por el entorno. No lo hagas todo tú.

- Proporciona una estación de lavado para que los niños se laven las manos después de la actividad (el lavabo del baño servirá, pero ten en cuenta que seguramente te mancharán las toallas. Si tienes dudas, te recomiendo que les proporciones toallitas de papel para que se sequen).

25. Arte natural

El arte y el juego al aire libre proporcionan a los niños una experiencia rica en estímulos sensoriales y muchas oportunidades para expresar su creatividad.

Cómo hacerlo:

- Sal a dar un paseo por el campo y pide al niño que recolecte materiales naturales como palitos, hojas, flores y piedras.
- Anima a los niños a crear obras de arte utilizando los materiales naturales que han recolectado. Pueden crear formas con hojas y flores o dibujar en la arena/lodo con un palo.

- Permite que los niños participen en el juego sensorial con arena, agua o barro, animándolos a explorar diferentes texturas y elementos de la naturaleza.
- **Enfatiza el proceso de creación y exploración más que el producto final.**
- También puedes llevar los materiales recolectados a casa y preparar un espacio de arte en una mesa, junto con suministros como pegamento, hilo y lápices de colores.

3. PALABRAS FINALES

Con esta última actividad llegamos al final de este manual, cuya intención era introducirte de manera rápida y eficaz en Método Montessori y todos los beneficios que puede ofrecerle a tu familia.

Espero sinceramente que tu hijo y tú hayáis disfrutado aprendiendo y participando en estas actividades. El propósito de este libro es que puedas comenzar cuanto antes tu viaje Montessori, para que puedas explorar la alegría del aprendizaje, fomentar la independencia de tu hijo y nutrir su curiosidad natural y habilidad para absorber información del entorno.

Si disfrutaste este manual y tienes curiosidad por explorar más sobre el método Montessori y todas las actividades que puedes hacer en casa con bajo presupuesto, me encantaría recomendarte estos otros libros, que profundizan más en el tema y tocan materias más específicas:

- **_"La Guía Práctica del Método Montessori"_** es una guía Montessori muy completa sobre la crianza desde el nacimiento hasta los 6-7 años, con ideas para crear un hogar Montessori y actividades específicas para aprender a leer, matemáticas, ciencias, etc.

- **_"Leer con el Método Montessori"_** es otra herramienta muy útil, que sirve como punto de partida para niños que están a punto de aprender a leer. Muchos padres la han usado con éxito, y también se utiliza como manual de lectura en varias escuelas de España. Es un cuaderno de trabajo para los niños, y proporciona una base sólida de lectoescritura.

Estoy verdaderamente agradecida de que hayas dedicado parte de tu tiempo libre a leer este libro. Gracias también por apoyar mi trabajo. <u>Si adquiriste el libro en línea, te agradecería mucho si pudieras dejar una reseña en la web donde lo conseguiste, ya que esas opiniones de los lectores me ayudan a llegar a más lectores</u>. También puedes suscribirte a mi lista de correo si quieres recibir información sobre promociones gratuitas y nuevos lanzamientos.

Gracias de corazón, y un beso enorme para ti y tus pequeños.

Julia.

4. REGALO DE AGRADECIMIENTO

Únete a mi lista de correo y recibe un regalo de bienvenida.

CONSIGUE AQUÍ TU REGALO

Gracias, Julia Palmarola.

5. OTROS LIBROS RECOMENDADOS

Si te ha gustado este libro, creo que te encantará ***"La Guía Práctica del Método Montessori"***. Un bestseller internacional en educación en casa, traducido a seis idiomas, que cuenta con la garantía de miles de padres satisfechos en todo el mundo:

Este libro incluye:

- Una introducción básica a los principios de la filosofía Montessori.
- Muchos ejemplos ilustrados de cómo aplicarla en casa, clasificados por tema y edad, y explicados de manera clara y concisa.
- **Más de 100 actividades específicas paso a paso y por edades para aprender a leer, sumar, historia, idiomas, ciencias y más.**
- Una lista de materiales Montessori que vale la pena comprar.
- *¡Y mucho más!*

Además, no te pierdas los cuadernillos de fichas de lectura, matemáticas y aprender inglés con Montessori. Con tarjetas de tres partes y actividades prácticas, este completo material

Montessori ofrece una excelente relación calidad-precio y es la forma más rápida y sencilla de realizar actividades Montessori en casa.

- ***<u>Leer con el Método Montessori:</u>*** un cuadernillo muy práctico para aprender a leer con materiales Montessori.

- ***<u>Matemáticas con el Método Montessori:</u>*** un libro para aprender los números, a contar, a sumar y a restar con el Método Montessori.

- ***<u>Aprender Inglés con el Método Montessori:</u>*** aprende vocabulario en inglés de una manera lúdica con el Método Montessori.

Acerca de la autora

Julia Palmarola es una graduada universitaria y autora Montessori. Su aventura Montessori comenzó en 2011. En ese momento, su único objetivo era educar en casa a su hija mayor siguiendo la filosofía Montessori. Pero cuanto más  leía y experimentaba, más crecía su fascinación e interés por el trabajo de María Montessori.

Pronto se dio cuenta de que no existía un manual único que cubriera las bases teóricas de este método de forma sencilla, incluyendo suficientes actividades bien explicadas que pudieran reproducirse fácilmente en casa, desde el nacimiento hasta los seis años, y que fueran compatibles con el presupuesto de su familia. Los libros que encontraba eran demasiado teóricos, diseñados solo para niños mayores o más pequeños, o simplemente compilaciones aleatorias de actividades sin ninguna explicación lógica de la filosofía Montessori. En su mayoría, todos utilizaban materiales caros y difíciles de encontrar, así que ella decidió hacer los suyos.

Su primer libro comenzó como una serie de notas personales que recopiló mientras cuidaba de su hija mayor. Cuando nació su hija pequeña, decidió convertir esas notas sueltas en *"La Guía Práctica del Método Montessori en Casa"*, que (para su sorpresa más grande) pronto se convirtió en un éxito de ventas internacional.

Este libro que tienes en tus manos aspira a ser un manual más breve, pero bien estructurado, que pueda ofrecerte una visión general y rápida del método Montessori si no tienes mucho tiempo para leer.